www.ingramcontent.com/pod-product-compliance
Lightning Source LLC
LaVergne TN
LVHW010417070526
838199LV00064B/5328
9789358722321

حدیث کی کتابت اور عدم کتابت میں تطبیق

عبدالرؤف ظفر

© Idara Mohaddis

Hadees ki kitabat aur adam-kitabat mein Tatbiiq

by: Abdul Raoof Zafar

Edition: March '2024

Publisher :

Taemeer Publications LLC (Michigan, USA / Hyderabad, India)

ISBN 978-93-5872-232-1

9 789358 722321

مصنف یاناشر کی پیشگی اجازت کے بغیر اس کتاب کا کوئی بھی حصہ کسی بھی شکل میں بشمول ویب سائٹ پر اَپ لوڈنگ کے لیے استعمال نہ کیا جائے۔ نیز اس کتاب پر کسی بھی قسم کے تنازع کو نمٹانے کا اختیار صرف حیدرآباد (تلنگانہ) کی عدلیہ کو ہو گا۔

©ادارہ محدث

کتاب	:	**حدیث کی کتابت اور عدم کتابت میں تطبیق**
مصنف	:	**عبدالرؤف ظفر**
صنف	:	مذہب
ناشر	:	تعمیر پبلی کیشنز (حیدرآباد، انڈیا)
سالِ اشاعت	:	۲۰۲۴ء
صفحات	:	۴۲
سرورق ڈیزائن	:	تعمیر ویب ڈیزائن

حدیث کی کتابت اور عدمِ کتابت یعنی
ارشاداتِ نبوی صلی اللہ علیہ وسلم میں تطبیق

التوابين كتابه الحديث وكراهتها والتطابق بين الاحاديث المتعارضه

حدیث رسول صلی اللہ علیہ وسلم شریعتِ اسلامیہ کا دوسرا قانونی ماخذ ہے۔ قرآن مجید پڑھنے سے کئی مقامات پر حدیث رسول اللہ صلی اللہ علیہ وسلم کی اہمیت کا علم ہوتا ہے۔ قرآن مجید کی طرح اس کی حیثیت بھی مسلم ہے۔ اس کا انکار گویا قرآن مجید کا انکار ہے۔ ارشادِ باری تعالیٰ ہے:

﴿وَيُعَلِّمُهُمُ الْكِتَابَ وَالْحِكْمَةَ﴾

"وہ انہیں کتاب اور حکمت سکھاتے ہیں۔"

حکمت سے یہاں حدیث رسول اللہ صلی اللہ علیہ وسلم ہی مراد ہے۔ اکثر ائمہ حدیث اور علمائے سلف نے یہی مراد لی ہے۔ چنانچہ امام شافعی رحمۃ اللہ علیہ اپنی کتاب "الرسالۃ" میں لکھتے ہیں:

ففرض الله على الناس اتباع وحيه وسنن رسوله. فقال في كتابه: "رَبَّنَا وَابْعَثْ فِيهِمْ رَسُولًا مِنْهُمْ يَتْلُو عَلَيْهِمْ آيَاتِكَ، وَيُعَلِّمُهُمُ الْكِتَابَ وَالْحِكْمَةَ، وَيُزَكِّيهِمْ. إِنَّكَ أَنْتَ الْعَزِيزُ الْحَكِيمُ

(جزء اول ص ۷۳)

سات آیات ایسی درج کر کے، جن میں حکمت کا لفظ ہے، امام صاحب رحمۃ اللہ علیہ فرماتے ہیں:

فذکر اللہ الکتاب، وھو القرآن، وذکر الحکمۃ، فسمعتُ مَنْ اَرْضیٰ من اھل العلم بالقرآن یقول: الحکمۃ سنۃ رسول اللہ. (جزء اول ص ۷۳)

"اللہ تعالیٰ نے لوگوں پر وحی کی اطاعت فرض کی ہے اور آنحضرت صلی اللہ علیہ وسلم کی سنت کی اتباع ضروری قرار دی ہے۔ آیات قرآنی ﴿رَبَّنَا وَابْعَثْ فِیْھِمْ رَسُوْلًا﴾ میں اللہ تعالیٰ نے جس کتاب کا ذکر کیا وہ قرآن مجید ہے اور جس حکمت کا ذکر فرمایا۔ میں نے قرآن کا بہت زیادہ علم رکھنے والوں سے سنا ہے، کہتے تھے کہ یہاں حکمت سے مراد آنحضرت صلی اللہ علیہ وسلم کی سنت (حدیث) ہے۔"

ایک مقام پر فرمایا:

﴿وَمَا یَنْطِقُ عَنِ الْھَوٰی ﴿۳﴾ اِنْ ھُوَ اِلَّا وَحْیٌ یُّوْحٰی ﴿۴﴾﴾... سورۃ النجم "وہ اپنی مرضی سے نہیں بولتے وہ تو ایک پیغام ہے جو ان کی طرف بھیجا جاتا ہے۔"

ایک اور جگہ یوں ارشاد ہے:

﴿وَمَاءاٰتٰکُمُ الرَّسُوْلُ فَخُذُوْہُ وَمَا نَھٰکُمْ عَنْہُ فَانْتَھُوْا... ﴿۷﴾﴾... سورۃ البقرۃ

"اور جو کچھ تمہیں رسول صلی اللہ علیہ وسلم دیں اس کو لے لو اور جس چیز سے تم کو منع کریں رک جاؤ۔"

اس قسم کی اور کئی آیات قرآنی سے احادیث رسول (صلی اللہ علیہ وسلم) کی حیثیت متعین ہو جاتی ہے۔

منکرین احادیثِ رسول صلی اللہ علیہ وسلم نے کئی انداز سے احادیثِ رسول اللہ صلی اللہ علیہ وسلم پر تنقید کی ہے۔ ان میں سے ایک یہ بھی ہے کہ آنحضرت صلی اللہ علیہ وسلم

نے خود احادیث کو لکھنے سے منع فرمادیا تھا حالانکہ اگر آپ صلی اللہ علیہ وسلم نے منع فرمایا تھا تو وہ بھی احادیث ہیں، ان احادیث کی حیثیت کیا ہوگی۔۔۔ انہیں کیونکر تسلیم کرلیا جاتا ہے؟۔۔۔ سچ ہے

"دروغ گوراحافظہ نباشد"

محدثینِ عظام اس بات کے قائل ہیں کہ احادیثِ رسول اللہ صلی اللہ علیہ وسلم کی کتابت آنحضرت صلی اللہ علیہ وسلم کے دور میں اور آپ صلی اللہ علیہ وسلم ہی کے حکم سے شروع ہوگئی تھی۔

اس مضمون میں پیغمبرِ اسلام صلی اللہ علیہ وسلم کے کراہتِ کتابتِ حدیث اور اباحتِ کتابتِ حدیث سے متعلق ارشادات درج کئے گئے ہیں اور ان پر فنی نکتہ نگاہ سے بحث کی گئی ہے اور ان پر تبصرہ کرکے دونوں حکموں میں تطبیق دی گئی ہے۔ سب سے پہلے ہم وہ احادیث درج کرتے ہیں۔ جن میں کتابت کے بارے میں کراہت پائی جاتی ہے:

حدیثِ ابوسعید رضی اللہ عنہ:

۱. عَنْ أَبِي سَعِيدٍ الْخُدْرِيِّ، أَنَّ رَسُولَ اللهِ صَلَّى اللهُ عَلَيْهِ وَسَلَّمَ قَالَ: "لَا تَكْتُبُوا عَنِّي، وَمَنْ كَتَبَ عَنِّي غَيْرَ الْقُرْآنِ فَلْيَمْحُهُ، وَحَدِّثُوا عَنِّي، وَلَا حَرَجَ، وَمَنْ كَذَبَ عَلَيَّ - قَالَ هَمَّامٌ: أَحْسِبُهُ قَالَ - مُتَعَمِّدًا فَلْيَتَبَوَّأْ مَقْعَدَهُ مِنَ النَّارِ" (صحیح مسلم حدیث ۳۰۰۴)

"حضرت ابوسعید خدری رضی اللہ عنہ سے روایت ہے کہ رسول اللہ صلی اللہ علیہ وسلم نے ارشاد فرمایا، "مجھ سے سن کر قرآن کے علاوہ اور کوئی چیز نہ لکھو۔ جس کسی نے قرآن کے علاوہ کوئی چیز لکھی ہو وہ مٹادے۔" ھمام کا خیال ہے کہ آپ صلی اللہ علیہ وسلم نے فرمایا۔ یعنی "جس نے جان بوجھ کر مجھ پر جھوٹ باندھا، تو وہ پناٹھکانا دوزخ بنالے۔"

حدیث کی دیگر کتابوں میں تھوڑے سے فرق کے ساتھ یہ حدیث ہے:

لاتکتبو عنی شیئا الا القرآن فمن کتب عنی شیئا غیرہ فلیحمہ

"مجھ سے قرآن کے علاوہ کچھ نہ لکھو، جس نے کچھ لکھا ہو وہ مٹا دے۔"

(دارمی کے اصل الفاظ شیئا غیر القران فلیمحہ ہیں)

عدمِ کتابتِ حدیث کی سب سے بڑی دلیل مندرجہ بالا حدیث ہے۔ امام بخاری رحمۃ اللہ علیہ اور دیگر محدثین اس کو حضرت ابو سعید خدری رضی اللہ عنہ کا قول بتاتے ہیں۔ فتح الباری میں ہے:

منھم من اعل حدیث ابی سعید و قال الصواب وقفه علی ابی سعید قال البخاری (فتح الباري ج ا ص ۱۸۵)

"کچھ لوگوں نے حدیث ابی سعید رضی اللہ عنہ کو معلول قرار دیا ہے اور کہا ہے کہ صحیح یہ ہے کہ یہ ابی سعید رضی اللہ عنہ پر موقوف ہے۔"

اس کا مطلب یہ ہے کہ یہ حدیث مرفوع نہیں ہے اور اگر بالفرض یہ بات نہ ہو، تو بھی الفاظِ حدیث پر غور سے معلوم ہوتا ہے کہ اس کا مطلب ہے، قرآن کے ساتھ ملا کر کسی بھی چیز کو نہ لکھا جائے تاکہ خلط ملط نہ ہو جائے۔

مناسب معلوم ہوتا ہے کہ اس سلسلے میں حضرت ابو سعید رضی اللہ عنہ سے مروی دیگر احادیث بھی بیان کر دی جائیں:

۲. عَنْ أَبِي سَعِيدٍ الخُدْرِيِّ، قَالَ: « اسْتَأْذَنَّا النَّبِيَّ صَلَّى اللَّهُ عَلَيْهِ وَسَلَّمَ فِي الكِتَابَةِ فَلَمْ يَأْذَنْ لَنَا »: « وَقَدْ رُوِيَ هَذَا الحَدِيثُ مِنْ غَيْرِ هَذَا الوَجْهِ أَيْضًا عَنْ زَيْدِ بْنِ أَسْلَمَ » رَوَاهُ هَمَّامٌ، عَنْ زَيْدِ بْنِ أَسْلَمَ

(جامع الترمذي ج ۲ ص ۱۰۲)

"حضرت ابوسعید رضی اللہ عنہ سے روایت ہے، انہوں نے کہا کہ ہم نے

آنحضرت صلی اللہ علیہ وسلم سے لکھنے کی اجازت طلب کی تو آپ صلی اللہ علیہ وسلم نے اجازت نہ دی۔ اس کے علاوہ یہ حدیث زید بن اسلم سے بھی مروی ہے۔"

یہی حدیث اور مقام پر الفاظ کی ذرا تبدیلی سے حضرت ابو سعید رضی اللہ عنہ ہی سے مروی ہے کہ:

«اِسْتَأْذَنَّا النَّبِيَّ صَلَّى اللّٰهُ عَلَيْهِ وَسَلَّمَ فِي ان يكتبوا عنه فَلَمْ يَأْذَنْ لَنَا» "آنحضرت صلی اللہ علیہ وسلم سے انہوں نے لکھنے کی اجازت مانگی تو آپ صلی اللہ علیہ وسلم نے ان کو اجازت نہ دی۔"

دارمی کے حاشیہ پر اس کے متعلق لکھا ہے:

وقد قیل انما نهی ان تکتب الحدیث مع القرآن فی صفحه واحدة فیختلط به فیشتبه (دارمی جلد ا ص ۹۹)

کہ "حدیث کو قرآن مجید کے ساتھ ایک ہی صفحہ پر لکھنے سے منع فرمایا تاکہ اشتباہ پیدا نہ ہو جائے۔"

علامہ خطابی نے بھی اسی رائے کا اظہار کیا ہے، ان کے الفاظ یہ ہیں:

انا نهی ان یکتب الحدیث مع القران فی صفحه واحدة لئلا یختلط به ویشتبه علی القارئ (معالم السنن ج ا ص ۲۴۶)

کہ "ایک صفحہ میں قرآن کے ساتھ حدیث لکھنے سے اس لیے منع فرمایا تاکہ التباس نہ ہو اور قاری پر مشتبہ نہ ہو۔"

خود حضرت ابو سعید رضی اللہ عنہ نے ابو نضرہ کے سوال کا جواب دیتے ہوئے ایک دفعہ فرمایا:

قال اردتم ان تجعلو قرآنا؟ لالا - (جامع بیان العلم ج ص ۶۴)

"کیا تمہارا یہ خیال ہے کہ تم اسے قرآن بنالو؟ نہیں، نہیں"؟

ایک اور روایت ابو نضرہ ہی سے ہے کہ انہوں نے حضرت ابو سعید رضی اللہ عنہ سے کہا، جو کچھ ہم آپ سے سنتے ہیں اس کو لکھ لیا کریں؟ تو آپ نے فرمایا:

(اترید ون ان تجعلوھا مصاحف؟ ایضا

"تم اس کو مصاحف بنانا چاہتے ہو؟"

تعلیق علوم الحدیث کے صفحہ ۹ پر حدیثِ ابو سعید رضی اللہ عنہ پر تبصرہ اس طرح کیا گیا ہے کہ:

فاحسبہ انہ کان متنوعا اول الھجرۃ وحین کان لایئو من الاشتغال بہ عن القرآن

"میرا خیال ہے کہ آغازِ ہجرت میں ممنوع تھا، بالخصوص اس وقت جب کہ اس میں لگ کر قرآن سے ہٹ جانے کا امکان تھا۔"

ایک اور حدیث نے ان احادیث کی مزید وضاحت کی ہے کہ ممانعت اس وجہ سے تھی کہ قرآن مجید کے ساتھ اختلاط حدیث نہ ہو۔ حضرت ابو ہریرہ رضی اللہ عنہ سے روایت ہے کہ آنحضرت صلی اللہ علیہ وسلم اس وقت تشریف لائے جب ہم آپ صلی اللہ علیہ وسلم کی باتیں لکھ رہے تھے۔ فرمایا، "کیا لکھ رہے ہو؟" ہم نے کہا، "وہ باتیں جو ہم نے آپ صلی اللہ علیہ وسلم سے سنی ہیں۔" آپ صلی اللہ علیہ وسلم نے فرمایا "تم کتاب اللہ کے سوا کوئی اور کتاب چاہتے ہو؟ تم سے پہلی امتوں کو اس کے سوا کسی چیز نے نہیں گمراہ کیا کہ انہوں نے کتاب اللہ کے ساتھ دیگر کتابیں بھی لکھ لیں۔" (مسند احمد عن ابی ھریرۃ رضی اللہ عنہ)

صحیفہ ہمام بن منبہ کے مقدر (ص ۷۲-۷۶) میں ڈاکٹر حمید اللہ نے بھی اپنے خیالات کا اظہار کیا ہے۔ کہ یمن سے نو مسلموں کی جماعت آئی ان میں سے کچھ نے احادیث کو

اپنے ان اوراق پر لکھ لیا جن پر قرآن مجید کی سورتیں لکھی تھیں، تو آنحضرت صلی اللہ علیہ وسلم نے فرمایا کہ قرآن کے علاوہ (جو کچھ لکھا ہے) اس کو مٹادو۔ یہ بات واضح ہی ہے کہ نو مسلم لوگ اس اختلاط سے الجھ جاتے ہیں۔

علاوہ ازیں حضرت ابو سعید رضی اللہ عنہ کی حدیث پر اور بھی کئی طرح سے تبصرہ کیا گیا ہے۔ مثلاً اہل عرب کا حافظہ بہت معروف تھا۔ اس وجہ سے اس شخص کو لکھنے سے روکا جس کے حافظے پر اعتماد تھا۔ ہم اس حقیقت کی طرف بھی اشارہ کر دیں کہ بعض محدثین کے نزدیک یہ منسوخ ہے۔ (علوم الحدیث اور امام اعظم از مولانا محمد علی ص ٨٦)

علامہ احمد شاکر نے بھی حدیث ابی سعید رضی اللہ عنہ کو بالکل ابتداء میں بیان کیا ہے اور کتابت کے متعلق لکھا ہے کہ پوری امت کا مجتمع ہونا اس بات کی نشانی ہے کہ فیصلہ یہی ہے اور اجتماع تواتر سے ثابت ہے، اگر حدیث ابی سعید ان (کتابت) احادیث کے بعد ہوتی تو تمام صحابہ رضی اللہ عنہ کو پتہ ہوتا۔ (الباعث الحثیث ص ١٢٣)

حدیث حضرت زید بن ثابت رضی اللہ عنہ پر تبصرہ

حَدَّثَنَا نَصْرُ بْنُ عَلِيٍّ، أَخْبَرَنَا أَبُو أَحْمَدَ، حَدَّثَنَا كَثِيرُ بْنُ زَيْدٍ، عَنْ [ص:٣١٩] الْمُطَّلِبِ بْنِ عَبْدِ اللَّهِ بْنِ حَنْطَبٍ، قَالَ: دَخَلَ زَيْدُ بْنُ ثَابِتٍ، عَلَى مُعَاوِيَةَ، فَسَأَلَهُ عَنْ حَدِيثٍ فَأَمَرَ إِنْسَانًا يَكْتُبُهُ، فَقَالَ لَهُ زَيْدٌ: «إِنَّ رَسُولَ اللَّهِ صَلَّى اللهُ عَلَيْهِ وَسَلَّمَ أَمَرَنَا أَنْ لَا نَكْتُبَ شَيْئًا مِنْ حَدِيثِهِ» فَمَحَاهُ

کہ "حضرت زید بن ثابت رضی اللہ عنہ حضرت معاویہ رضی اللہ عنہ کے پاس گئے۔ انہوں نے زید رضی اللہ عنہ سے کسی حدیث کے متعلق پوچھا اور کسی آدمی کو حکم دیا کہ وہ لکھے۔ حضرت زید رضی اللہ عنہ نے کہا کہ رسول اللہ صلی اللہ علیہ وسلم نے ہمیں اپنی احادیث لکھنے سے منع فرمایا ہے۔ تو اُس نے اُن کو ہٹا دیا۔"

یہ روایت صحیح نہیں ہے۔ اس میں کثیر بن زید حزنی پر کلام کیا گیا ہے۔ (عون المعبود

ج ۳، ص ۳۵٦)

اس کے علاوہ مطلب بن عبداللہ مرسل روایات آنحضرت صلی اللہ علیہ وسلم سے بیان کرتا ہے۔ حالانکہ اس کی ملاقات آنحضرت صلی اللہ علیہ وسلم سے نہیں ہوئی۔ حافظ ابن حجر رحمۃ اللہ علیہ نے لکھا ہے:

کثیر التدلیس والارسال من الرابعہ (تقریب التھذیب ج ۲ص ۲۵۴)

اس حدیث پر مزید تبصرہ کرنے کی ضرورت ہی نہیں ہے کیونکہ اس میں دوراویوں پر کلام کیا گیا ہے۔

حضرت ابن عمر رضی اللہ عنہ کی حدیث پر تبصرہ

۴۔ عَنِ الأَسْوَدِ بْنِ قَيْسٍ، قَالَ: سَمِعْتُ سَعِيدَ بْنَ عَمْرِو بْنِ سَعِيدٍ، أَنَّهُ سَمِعَ ابْنَ عُمَرَ رَضِيَ اللَّهُ عَنْهُمَا، يُحَدِّثُ عَنِ النَّبِيِّ صَلَّى اللهُ عَلَيْهِ وَسَلَّمَ، قَالَ: «إِنَّا أُمَّةٌ أُمِّيَّةٌ، لاَ نَكْتُبُ وَلاَ نَحْسُبُ، الشَّهْرُ هَكَذَا وَهَكَذَا وَهَكَذَا» وَعَقَدَ الإِبْهَامَ فِي الثَّالِثَةِ

"آنحضرت صلی اللہ علیہ وسلم نے فرمایا کہ ہم اُمی (ان پڑھ) امت ہیں نہ لکھتے ہیں نہ حساب کرتے ہیں۔ مہینہ (انگلیوں کے اشارے سے) اس طرح، اس طرح اور اس طرح ہے اور تیسری دفعہ انگوٹھے کو بند لیا (۲۹ دن کی طرف اشارہ کیا)۔"

اس حدیث کا کتابتِ حدیث کے ساتھ کوئی تعلق ہی نہیں ہے۔ اس کو اگر کتابتِ حدیث پر لاگو کیا جائے تو قرآن مجید کی کتابت پر بھی اس کا اطلاق ہو گا۔ اصل میں یہاں آنحضرت صلی اللہ علیہ وسلم نے یہ فرمایا ہے کہ ہمارے ہاں لکھنے کا رواج کم ہے۔ ہم مہینے کے دنوں کی گنتی اس طرح سے انگلیوں پر کر لیتے ہیں۔

زیادہ تر عرب لوگوں کا رجحان حافظے پر تھا۔ گھوڑوں کی نسلوں کے ان کو نسب یاد ہوتے تھے۔ لکھنے کو وہ انسان کے حافظے کی کمزوری کی علامت سمجھتے تھے۔ بلکہ یہ ان کی

ضرب المثل تھی:

اکتبوا علی الحناجر ولو بالخناجر

"شہ رگوں پر لکھ لو خواہ خنجروں سے لکھنا پڑے۔"

حضرت عبد اللہ رضی اللہ عنہ بن عباس رضی اللہ عنہ نے عمر بن ابی ربیعہ کا قصدیہ ایک دفعہ سن کر یاد کر لیا تھا جس کے ستر شعر تھے۔

قرآن مجید نے آنحضرت صلی اللہ علیہ وسلم کو نبی الامی کا لقب دیا ہے۔ (الاعراف:۱۵۸) اور "﴿بعث فی الامیین رسولا﴾" کہا ہے (الجمعۃ: ۲) لیکن اس کے باوجود آپ صلی اللہ علیہ وسلم کے پاس کاتبینِ وحی موجود تھے۔ آنحضرت صلی اللہ علیہ وسلم خود قرآنِ مجید لکھواتے۔ اس کے علاوہ آپ صلی اللہ علیہ وسلم کی نبوت سے قبل ہی عرب میں لکھنے کا رواج شروع ہو گیا تھا۔ اس سے معلوم ہوتا ہے کہ یہ حدیث کتابت سے متعلق نہیں بلکہ ویسے مہینے کے دنوں کی گنتی کے متعلق ہے۔ اس کو کسی محدث نے بھی کتابتِ حدیث میں درج نہیں کیا۔

حدیث حضرت ابوہریرہ رضی اللہ عنہ

۵. وَعَنْ أَبِي هُرَيْرَةَ قَالَ: قَالَ رَسُولُ اللَّهِ - صَلَّى اللَّهُ عَلَيْهِ وَسَلَّمَ: « " لَا تَكْتُبُوا عَنِّي إِلَّا الْقُرْآنَ، فَمَنْ كَتَبَ عَنِّي غَيْرَ الْقُرْآنِ فَلْيَمْحُهُ، وَحَدِّثُوا عَنْ بَنِي إِسْرَائِيلَ وَلَا حَرَجَ » ، فَذَكَرَ الْحَدِيثَ.

رَوَاهُ الْبَزَّارُ، وَفِيهِ عَبْدُ الرَّحْمَنِ بْنُ زَيْدِ بْنِ أَسْلَمَ، وَهُوَ ضَعِيفٌ.(مجمع الزوائد منبع الفوائد ج ا ص ۱۵۱)

"حضرت ابوہریرہ رضی اللہ عنہ سے روایت ہے کہ آنحضرت نے فرمایا، مجھ سے قرآن کے علاوہ کچھ نہ لکھو، جس نے مجھ سے قرآن کے علاوہ کچھ لکھا ہو وہ مٹا دے۔ بنی

اسرائیل سے بیان کرو کوئی حرج نہیں۔" اس کو بزار نے روایت کیا ہے۔ اس میں عبد الرحمن بن زید بن اسلم ضعیف ہیں۔"

اس حدیث کی صحت پر مزید جرح کی ضرورت ہی محسوس نہیں ہوتی۔ جب کہ اس کا ایک راوی ضعیف ہے۔ تاہم اس پر غور کرنے سے معلوم ہو گا کہ یہ اس لیے ہے کہ قرآن کے ساتھ التباس نہ ہو۔ جس طرح کہ پہلے حضرت ابوہریرہ رضی اللہ عنہ کی حدیث لکھی جاچکی ہے اس میں مطلق ممانعت نہیں بلکہ عام لوگوں کو روکا گیا ہے۔ جب کہ خاص لوگوں کو اجازت دی۔

٦۔ وَعَنْ أَبِي سَعِيدٍ -يَعْنِي الْخُدْرِيَّ- قَالَ: «كُنَّا قُعُودًا نَكْتُبُ مَا نَسْمَعُ مِنَ النَّبِيِّ - صَلَّى اللَّهُ عَلَيْهِ وَسَلَّمَ - فَخَرَجَ عَلَيْنَا فَقَالَ: "مَا هَذَا تَكْتُبُونَ؟ "فَقُلْنَا: مَا نَسْمَعُ مِنْكَ، فَقَالَ: " أَكِتَابٌ مَعَ كِتَابِ اللَّهِ؟ أَمْحِضُوا كِتَابَ اللَّهِ وَأَخْلِصُوهُ". قَالَ: فَجَمَعْنَا مَا كَتَبْنَاهُ فِي صَعِيدٍ وَاحِدٍ، ثُمَّ أَحْرَقْنَاهُ بِالنَّارِ، فَقُلْنَا: أَيْ رَسُولَ اللَّهِ، نَتَحَدَّثُ عَنْكَ؟ قَالَ: " نَعَمْ، تَحَدَّثُوا عَنِّي وَلَا حَرَجَ، وَمَنْ كَذَبَ عَلَيَّ مُتَعَمِّدًا فَلْيَتَبَوَّأْ مَقْعَدَهُ مِنَ النَّارِ ". قَالَ: قُلْنَا: أَيْ رَسُولَ اللَّهِ، أَنَتَحَدَّثُ عَنْ بَنِي إِسْرَائِيلَ؟؟ قَالَ: " نَعَمْ، تَحَدَّثُوا عَنْ بَنِي إِسْرَائِيلَ وَلَا حَرَجَ، فَإِنَّكُمْ لَا تُحَدِّثُونَ عَنْهُمْ بِشَيْءٍ إِلَّا وَقَدْ كَانَ فِيهِمْ أَعْجَبَ مِنْهُ».

قُلْتُ: لَهُ حَدِيثٌ فِي الصَّحِيحِ بِغَيْرِ هَذَا السِّيَاقِ.

رَوَاهُ أَحْمَدُ، وَفِيهِ عَبْدُ الرَّحْمَنِ بْنُ زَيْدِ بْنِ أَسْلَمَ، وَهُوَ ضَعِيفٌ، وَبَقِيَّةُ رِجَالِهِ رِجَالُ الصَّحِيحِ.

"حضرت ابو سعید خدری رضی اللہ عنہ سے روایت ہے کہ ہم آنحضرت صلی اللہ علیہ وسلم سے جو سنتے تھے اس کو بیٹھ کر لکھ رہے تھے، آپ صلی اللہ علیہ وسلم تشریف لائے تو پوچھا، یہ کیا لکھ رہے ہو؟" ہم نے کہا "جو کچھ ہم آپ صلی اللہ علیہ وسلم سے سنتے

ہیں" آپ صلی اللہ علیہ وسلم نے فرمایا" کیا اللہ کی کتاب کے ساتھ اور کتاب لکھتے ہو؟ اللہ کی کتاب کو خالص رکھو۔" حضرت ابو سعید رضی اللہ عنہ نے کہا "جو کچھ ہم نے لکھا تھا اسے ایک میدان میں جمع کیا پھر اسے جلا دیا۔ ہم نے کہا" اے اللہ کے رسول صلی اللہ علیہ وسلم، آپ سے ہم بیان کریں؟" فرمایا" ہاں مجھ سے بیان کرو کوئی حرج نہیں۔ جس نے جان بوجھ کر مجھ پر جھوٹ باندھا وہ اپنا ٹھکانہ جہنم میں بنالے۔" امام احمد بن حنبل رحمۃ اللہ علیہ نے اس کو روایت کیا ہے اس میں عبد الرحمن بن زید بن اسلم ضعیف ہیں۔"

مذکورہ ضعف کی بنا پر اس پر تبصرہ مناسب نہیں۔ تاہم حضرت ابو سعید رضی اللہ عنہ کی حدیث گزر چکی ہے کہ آنحضرت صلی اللہ علیہ وسلم نے عام لوگوں کو قرآن کے ساتھ لکھنے سے منع فرما دیا تھا تا کہ التباس نہ ہو۔ لیکن جب اس التباس کا خدشہ نہ رہا تو اجازت دے دی۔

مقدمۃ ابن الصلاح میں اس طرح ہے:

ولَعَلَّهُ - صلی اللہ علیہ وسلم - أَذِنَ فِي الْكِتَابَةِ عنهُ لِمَنْ خَشِيَ عليهِ النِّسيانَ (٦)، ونَهَى عَنِ الْكِتَابَةِ عنهُ مَنْ وَثِقَ بحِفْظِهِ، مَخَافَةَ الاتِّكَالِ عَلَى الكِتابِ، أَوْ نَهَى عَنْ كِتَابَةِ ذلكَ عنهُ حينَ خَافَ عليهِم اخْتِلَاطَ ذلكَ بصُحُفِ القُرآنِ العظيمِ وأَذِنَ في كِتَابَتِهِ حِيْنَ أَمِنَ مِنْ ذَلِكَ (مقدمہ ابن الصلاح لعلوم الحدیث ص ۱۷)

اب ہم ان احادیث کا جائزہ لیتے ہیں جن میں احادیث کی کتابت کا حکم ہے یا جن کی آنحضرت صلی اللہ علیہ وسلم کے سامنے کتابت ہوئی اور آپ صلی اللہ علیہ وسلم نے اسے مستحسن قرار دیا:

۱۔ حضرت ابو ہریرہ رضی اللہ عنہ سے روایت ہے کہ قبیلہ خزاعہ نے اسے اپنے ایک مقتول کے بدلے میں فتح مکہ کے سال، بنو لیث کا ایک آدمی قتل کر دیا۔ آنحضرت

صلی اللہ علیہ وسلم کو اس کا پتہ چلا تو آپ صلی اللہ علیہ وسلم نے اپنی سواری پر سوار ہو کر خطبہ دیا۔ "اللہ تعالیٰ نے مکہ سے قتل (یا اصحابِ) فیل کو روک لیا (امام بخاری رحمۃ اللہ علیہ کو شک ہے کہ آنحضرت صلی اللہ علیہ وسلم نے فیل کا لفظ استعمال کیا یا قتل کا) رسول اللہ کو اور اہل ایمان کو اہل مکہ پر مسلط کر دیا۔ حرم کو نہ مجھ سے پہلے کسی کے لیے حلال کیا گیا اور نہ میرے بعد کسی کے لیے حلال کیا جائے گا۔ میرے لیے دن کے چند گھنٹوں کے لیے حلال کیا گیا اور پھر حسبِ سابق حرام ہو چکا ہے۔ حدودِ حرم میں نہ (لفظ؟؟؟) کو توڑا جائے نہ درختوں کو کاٹا جائے نہ یہاں کی گری ہوئی چیز اٹھائی جائے۔ البتہ اس شخص کو اجازت ہے جو گری ہوئی چیز کو شہرت دینا چاہتا ہو۔ جس قوم کا کوئی شخص مارا جائے اس کو دو ہاتھوں میں سے ایک کا اختیار ہے یا تو قاتلوں سے قصاص لے لیں یا دیت لے لیں۔"

اس پر اہل یمن میں سے ایک شخص ابوشاہ نے عرض کی:

اکتب لی یارسول اللہ

"یارسول اللہ (یہ اباتیں) میرے لیے لکھ دیجئے

تو آپ صلی اللہ علیہ وسلم نے فرمایا:

اکتبو لابی شاہ

"ابوشاہ کو لکھ دو۔"

حضرت عباس رضی اللہ عنہ نے کہا، "صرف اذخر کی اجازت دے دیں، اس کو ہم گھروں اور قبروں میں استعمال کرتے ہیں" آپ صلی اللہ علیہ وسلم نے اجازت دے دی۔

امام اوزاعی رحمۃ اللہ علیہ سے "(اکتب لی یارسول اللہ)" کے متعلق پوچھا گیا، تو انہوں نے بتایا کہ:

ھذہ الخطبۃ التی سمعھا من رسول اللہ

(صحیح بخاري ج)

کہ "یہ وہ خطبہ ہے جو آنحضرت صلی اللہ علیہ وسلم سے انہوں نے سنا تھا۔"

یہ حدیث امام بخاری رحمۃ اللہ علیہ نے کتاب العلم اور کتاب اللقطۃ دونوں میں کچھ تغیرِ الفاظ سے لکھی ہے۔ دونوں کو ملا کر یہاں درج کی گئی ہے۔

حافظ ابن حجر عسقلانی رحمۃ اللہ علیہ نے اس حدیث پر یوں تبصرہ کیا ہے:

بھذا تظھر مطابقۃ ھذا الحدیث للترجمۃ (فتح الباری ج ص ۱۵۴)

"اس سے اس حدیث کے باب سے مطابقت ظاہر ہوتی ہے۔"

مولانا عبدالرحمن مبارک پوری رحمۃ اللہ علیہ لکھتے ہیں:

ھذا دلیل صریح علی جواز کتابۃ الحدیث (تحفۃ الاحوذي ج۳ص ۳۷۵)

"یہ کتابتِ حدیث کے جواز پر صریح دلیل ہے۔"

یہ حدیث صحیحین کے علاوہ دیگر کتبِ حدیث میں بھی ہے۔ (مثلا جامع بیان العلم ص ۲۱۔ ابوداؤد)

اور اس میں آنحضرت صلی اللہ علیہ وسلم کا دیگر صحابہ رضی اللہ عنھم کو یہ حکم کہ "ابوشاہ کو لکھ دیں" اس بات کی دلیل ہے کہ آنحضرت صلی اللہ علیہ وسلم نے اگرچہ ابتداء میں قرآن مجید سے اشتباہ کی بناء پر کتابتِ حدیث سے روکا تھا لیکن بعد میں اجازت دے دی تھی۔ سنہ ۸ھ میں مکہ فتح ہوا۔ یہ اُس کے بعد کا واقعہ ہے۔

۲۔ حضرت ابوہریرہ رضی اللہ عنہ سے روایت ہے:

مامن اصحاب النبی احد اکثر حدیثا منی الا ماکان من عبداللہ بن عمر فانہ کان یکتب والا اکتب (صحیح بخاری ج۱ص ۲۲)

کہ "حضرت عبداللہ بن عمر رضی اللہ عنہ کے علاوہ کوئی اور صحابی رضی اللہ عنہ مجھ

سے زیادہ حدیثیں بیان نہ کرتا۔ وہ لکھتے تھے۔ میں نہیں لکھ سکتا تھا۔"

یہ حدیث بھی دیگر کتب احادیث میں ہے۔ ترمذی ج ۲ ص ۱۰۷ پر یہ الفاظ ہیں:

وکنت لا اکتب (ھذا حدیث حسن صحیح)

کہ "میں نہیں لکھتا تھا۔" یہ حدیث حسن صحیح ہے۔

علاوہ ازیں دیکھئے سنن دارمی ج ا ص ۱۰۳، جامع بیان العلم ص ۷۰، شرح السنۃ ج ۲ ص ؟)

یہ حدیث صحیح ہے۔ اس کے تمام راوی ثقہ ہیں۔ معلوم ہوا کہ کتابت حدیث آنحضرت صلی اللہ علیہ وسلم کے زمانہ میں ہوئی تھی۔ حضرت عبداللہ بن عمر رضی اللہ عنہ سے صحابی لکھتے تھے۔ ممانعت ہوتی تو آنحضرت صلی اللہ علیہ وسلم منع فرمادیتے۔

فتح الباری میں اس کے متعلق یوں لکھا ہے کہ:

"یہ روایت صحیح مسلم والی ابوسعید رضی اللہ عنہ کی روایت کے متعارض ہے۔ ان میں تطبیق اس طرح سے ہے کہ نہی نزولِ قرآن کے التباس کی وجہ سے کی گئی ہے۔ التباس کا خطرہ نہ رہا تو اجازت دے دی۔ یا ایک صفحہ پر قرآن مجید کے ساتھ کسی چیز کے لکھنے سے نفی خاص ہے اور الگ اجازت تھی۔ یا نہی مقدم ہے اور اذن ناسخ ہے یا نہی اس کے لیے ہے جو صرف کتابتِ حدیث پر تکیہ کرے اور حفظ کو چھوڑ دے دوسرے کو اجازت ہے۔۔۔ روایت ابوسعید رضی اللہ عنہ کو موقوف بھی کہا گیا ہے۔" (فتح الباری ج ا ص ۱۸۵)

بخاری کے علاوہ دیگر حدیث کی کتابوں میں حضرت عبداللہ بن عمرو بن عاص رضی اللہ عنہ سے اسی طرح کی حدیثیں بیان کی گئی ہیں۔ جو کہ اس حدیث کو مزید تقویت دیتی ہیں۔ اگرچہ اس کی اپنی حیثیت بھی مسلم ہے۔

۳۔ حدیث ابی جحیفہ رضی اللہ عنہ

عن أبي جحيفة، قال: قلت لعلي بن أبي طالب: هل عندكم كتاب؟ قال: "لا، إلا كتاب الله، أو فهم أعطيه رجل مسلم، أو ما في هذه الصحيفة. قال: قلت: فما في هذه الصحيفة؟ قال: العقل، وفكاك الأسير، ولا يقتل مسلم بكافر"

"حضرت ابوجحیفہ رضی اللہ عنہ سے روایت ہے کہ میں نے حضرت علی رضی اللہ عنہ سے پوچھا، "کیا تمہارے پاس کوئی کتاب ہے؟" تو حضرت علی رضی اللہ عنہ نے کہا، "نہیں لیکن اللہ کی کتاب یا فہم جو مسلمان آدمی کو مل جائے یا جو اس صحیفہ میں ہے۔" میں نے پوچھا "اس صحیفہ میں کیا ہے؟" حضرت علی رضی اللہ عنہ نے کہا، "دیت اور قیدی کو آزاد کرنا اور مسلمان کو کافر کے بدلے میں قتل نہ کرنا"

اس حدیث کی صحت پر بھی گفتگو کی ضرورت نہیں ہے۔ بخاری کے علاوہ دیگر کتب احادیث میں بھی موجود ہے۔

۴۔ حضرت عائشہ رضی اللہ عنہا سے آنحضرت صلی اللہ علیہ وسلم کی ہجرت کی حدیث مروی ہے۔ اس میں سراقہ بن مالک مدلجی کا واقعہ ہے کہ اس نے آنحضرت صلی اللہ علیہ وسلم اور حضرت ابو بکر صدیق رضی اللہ عنہ کا تعاقب کیا۔ قریب گیا تو اس کا گھوڑا زمین میں دھنس گیا۔ پھر اس نے آنحضرت صلی اللہ علیہ وسلم سے امان طلب کی اور امن کا خط لکھنے کو کہا، آپ صلی اللہ علیہ وسلم نے عامر بن فہیرہ کو حکم دیا، اس نے چمڑے کے ایک ٹکڑے پر لکھ لیا۔ پھر آنحضرت صلی اللہ علیہ وسلم تشریف لے گئے۔ (صحیح بخاری ج۱ ص۵۵۴، مسند احمد ج۴ ص۱۷۶ مستدرک حاکم ج۳ ص۷)

یہ واقعہ مکہ اور مدینہ کے درمیان کا ہے، اگر کتابت کی بالکل ممانعت ہوتی تو آنحضرت صلی اللہ علیہ وسلم کیوں اس کو امن کا پروانہ لکھ کر دیتے؟ یہ حدیث کتابت

حدیث پر صریح دلیل ہے۔ اس حدیث میں آنحضرت صلی اللہ علیہ وسلم نے سراقہ بن مالک کو کسریٰ بن ہرمز کے کنگن پہنانے کی بھی پیش گوئی فرمائی ہے۔

۵ «اکتبوا لي من تلفظ بالإسلام من الناس» ، فکتبنا له ألفا وخمس مائة رجل، فقلنا: نخاف ونحن ألف وخمس مائة، رجل (بخاري حديث ۳۰۶۰)

"حضرت حذیفہ رضی اللہ عنہ سے روایت ہے کہ آنحضرت صلی اللہ علیہ وسلم نے فرمایا:

"لوگوں میں سے جو آدمی زبان سے اسلام کا اقرار کرتا ہے، اس کا نام لکھ لو۔ تعمیل حکم میں ہم نے ایک ہزار پانچ سو (۱۵۰۰) آدمیوں کے نام لکھے۔"

یہ حدیث مسلم میں بھی ہے۔ لیکن وہاں یہ الفاظ ہیں۔ جب آنحضرت صلی اللہ علیہ وسلم نے شمار کرنے کا حکم دیا تو انہوں نے کہا:

انخاف علینا ونحن مابین الست مائۃ الی السبع مائۃ

"آپ صلی اللہ علیہ وسلم ہمارے بارے میں ڈرتے ہیں جب کہ ہم چھ (۶۰۰) سات (۷۰۰) سو تک ہیں۔"

دونوں احادیث اپنی اپنی جگہ پر درست ہیں، مسلم شریف کی حدیث کے مطابق چھ سات سو صرف مدینہ کے آدمی تھے اور پندرہ سو کی تعداد میں مدینہ کے علاوہ ارد گرد کے مسلمان بھی شامل ہیں۔ (حاشیہ مسلم شرح نووی ج ۱ ص ۸۴، حاشیہ بخاری از مولانا احمد علی سہارنپوری ج ۱ ص ۴۳۰)

الغرض اس حدیث کی صحت کے بارے میں بھی شک کا کوئی امکان نہیں۔ آنحضرت صلی اللہ علیہ وسلم نے لکھنے کا حکم دیا اور پھر باقاعدہ لکھا گیا۔ اگر ممانعت ہوتی تو نہ آپ صلی اللہ علیہ وسلم حکم دیتے اور نہ صحابہ رضی اللہ عنہم لکھتے۔

٦. وقال خارجة بن زيد بن ثابت، عن زيد بن ثابت: أن النبي صلى الله عليه وسلم أمره «أن يتعلم كتاب اليهود» حتى كتبت للنبي صلى الله عليه وسلم كتبه، وأقرأته كتبهم، إذا كتبوا إليه "حضرت زید بن ثابت رضی اللہ عنہ سے روایت ہے کہ آنحضرت صلی اللہ علیہ وسلم نے مجھے یہود کا خط سیکھنے کا حکم دیا۔ حتیٰ کہ میں نے آنحضرت صلی اللہ علیہ وسلم کے خطوط لکھے اور جو وہ خط آنحضرت صلی اللہ علیہ وسلم کو لکھتے وہ انہیں پڑھ کر سناتا۔"

آنحضرت صلی اللہ علیہ وسلم کے خطوط آپ صلی اللہ علیہ وسلم کی حدیث کی حیثیت رکھتے تھے۔ یہ بھی آنحضرت صلی اللہ علیہ وسلم کے حکم سے ہوا۔

بخاری شریف کی اس حدیث سے معلوم ہوا کہ آنحضرت صلی اللہ علیہ وسلم کے مبارک دور میں باقاعدہ فوجیوں کے نام درج کر کے ان کو جنگوں میں لڑنے کے لیے بھیجا جاتا تھا۔ یہ کام بھی آنحضرت صلی اللہ علیہ وسلم نے اپنی موجودگی میں کرایا۔ اس کے علاوہ آنحضرت صلی اللہ علیہ وسلم کے خطوط اور معاہدات ہیں جو آنحضرت صلی اللہ علیہ وسلم نے دیگر قوموں سے کیے۔ وہ بھی گویا آپ صلی اللہ علیہ وسلم کے اپنے لکھائے ہوئے تھے۔ ممانعت کی صورت میں ان کے لکھوانے کا جواز ہی نہیں تھا۔

عن ابن عباس رضي الله عنهما، أنه: سمع النبي صلى الله عليه وسلم، يقول: «لا يخلون رجل بامرأة، ولا تسافرن امرأة إلا ومعها محرم»، فقام رجل فقال: يا رسول الله، اكتتبت في غزوة كذا وكذا، وخرجت امرأتي حاجة، قال: «اذهب فحج مع امرأتك» (صحيح البخاري ح ٣٠٠٦

"حضرت ابن عباس رضی اللہ عنہ نے آنحضرت صلی اللہ علیہ وسلم سے سنا، آپ

صلی اللہ علیہ وسلم فرماتے تھے، کوئی آدمی کسی غیر محرم عورت سے تنہائی میں نہ ملے اور نہ عورت اکیلی سفر کرے۔ جب بھی عورت سفر کرے ساتھ محرم ہو۔" ایک آدمی کھڑا ہو گیا کہنے لگا، "یارسول اللہ میرا نام فلاں غزوہ میں درج کیا گیا ہے، اور میری بیوی حج کرنے چلی گئی۔" آپ صلی اللہ علیہ وسلم نے فرمایا" جا اور اس کے ساتھ حج کر"

(۸) حضرت مِسور بن مخرمہ اور مروان کی حدیث:

حضرت مسور بن مخرمہ اور مروان دونوں سے صلح حدیبیہ کی طویل حدیث مروی ہے۔ اس میں آگے جا کر لکھا ہے کہ سہیل بن عمرو نے آنحضرت صلی اللہ علیہ وسلم سے کہا، "ہمارے مابین آپ تحریر کر دیں۔" آنحضرت صلی اللہ علیہ وسلم نے حضرت علی رضی اللہ عنہ کو بلایا اور فرمایا، "لکھو بِسمِ اللّٰہِ الرَّحمٰنِ الرَّحِیم سہیل نے کہا، "رحمن تو اللہ کی قسم میں نہیں جانتا" آپ لکھیں، بأسمک اللھم اس پر مسلمانوں نے کہا، "بخدا ہم تو پوری بسم اللہ لکھیں گے "لیکن آنحضرت صلی اللہ علیہ وسلم نے فرمایا، "لکھیں بأسمک اللھم پھر فرمایا ھذا ما قاضی علیہ محمد رسول اللہ (یہ وہ چیز ہے جس پر محمد رسول اللہ صلی اللہ علیہ وسلم نے صلح کی) سہیل نے کہا، "اللہ کی قسم اگر ہم آپ کو رسول تسلیم کر لیں تو نہ ہم آپ کو بیت اللہ سے روکتے اور نہ ہی ہم آپ سے لڑتے۔ آپ محمد بن عبد اللہ صلی اللہ علیہ وسلم لکھیں" آنحضرت صلی اللہ علیہ وسلم نے فرمایا، "خدا کی قسم، میں ضرور اللہ کا رسول ہوں۔ اگرچہ آپ لوگوں نے مجھے جھٹلایا ہے۔ لکھو "محمد بن عبد اللہ صلی اللہ علیہ وسلم"

(بخاری ج ۱، ص ۳۷۹)

اس حدیث کی مزید تشریح ایک اور حدیث میں ہے:

عن أبي إسحاق، قال: سمعت البراء بن عازب رضي الله عنهما، قال: لما صالح رسول اللہ صلی اللہ علیہ وسلم أهل الحديبية، كتب علي بن أبي طالب بينهم كتابا، فكتب محمد

رسول اللہ، فقال المشرکون: لاتکتب محمد رسول اللہ، لو کنت رسولا لم نقاتلک، فقال لعلي: « امحہ » ، فقال علي: ما أنا بالذي أمحاہ، فمحاہ رسول اللہ صلی اللہ علیہ وسلم بیدہ، وصالحھم علی أن یدخل ھو وأصحابہ ثلاثۃ أیام، ولا یدخلوھا إلا بجلبان السلاح، فسألوہ ماجلبان السلاح؟ فقال: القراب بمافیہ (بخاری ح:۲۶۹۸)

"ابی اسحاق سے روایت ہے، انہوں نے براء بن عازب رضی اللہ عنہ سے سنا کہ جب آنحضرت صلی اللہ علیہ وسلم نے اہلِ حدیبیہ سے صلح کی تو حضرت علی رضی اللہ عنہ نے تحریر لکھی۔ انہوں نے لکھا "محمد صلی اللہ علیہ وسلم اللہ کے رسول ہیں" مشرکوں نے کہا "محمد صلی اللہ علیہ وسلم رسول اللہ" نہ لکھیں، اگر آپ صلی اللہ علیہ وسلم رسول ہوتے تو ہم آپ صلی اللہ علیہ وسلم سے نہ لڑتے۔" آنحضرت صلی اللہ علیہ وسلم نے حضرت علی رضی اللہ عنہ سے کہا کہ اسے مٹا دیں۔ حضرت علی رضی اللہ عنہ نے کہا کہ میں اس کو نہیں مٹا سکتا۔ تب آنحضرت صلی اللہ علیہ وسلم نے خود اپنے ہاتھ سے مٹا دیا اور ان سے صلح کرلی۔"

یہ آنحضرت صلی اللہ علیہ وسلم نے خود اپنی موجودگی میں تحریر لکھوائی۔ اگر لکھنا ناجائز ہوتا تو آپ صلی اللہ علیہ وسلم صحابہ رضی اللہ عنہم کو بتادیتے۔ یہ آنحضرت صلی اللہ علیہ وسلم کی سیاسی تحریر تھی، جو اہل مکہ اور مسلمانوں کے درمیان لکھی گئی۔ قرآن کے علاوہ اگر ہر چیز کے لکھنے کی ممانعت ہوتی تو اس معاہدے کو آنحضرت صلی اللہ علیہ وسلم زبانی ہی رکھتے۔۔۔ یہ حدیث کتبِ حدیث میں بھی موجود ہے۔ مثلاً صحیح مسلم ج ۲، ص ۱۰۴

(۹) آنحضرت صلی اللہ علیہ وسلم نے جو خطوط لکھوائے ان کا ذکر بھی بخاری شریف میں ہے۔ حضرت عبد اللہ بن عباس رضی اللہ عنہ سے روایت ہے کہ آنحضرت

صلی اللہ علیہ وسلم نے قیصر روم کو خط لکھا۔ جس کی تحریر یہ تھی:

"بسم اللہ الرحمن الرحیم، من محمد عبد اللہ ورسولہ إلی هرقل عظیم الروم: سلام علی من اتبع الهدی، أما بعد، فإني أدعوک بدعایة الإسلام، أسلم تسلم، یؤتک اللہ أجرک مرتین، فإن تولیت فإن علیک إثم الأریسیین " و{یا أهل الکتاب تعالوا إلی کلمة سواء بیننا وبینکم أن لا نعبد إلا اللہ ولا نشرک بہ شیئا ولا یتخذ بعضنا بعضا أربابا من دون اللہ فإن تولوا فقولوا اشهدوا بأنا مسلمون}

"اللہ رحمن ورحیم کے نام کے ساتھ۔ محمد صلی اللہ علیہ وسلم اللہ کے بندے اور رسول صلی اللہ علیہ وسلم کی طرف سے ھرقل روم کے بادشاہ کی طرف، اس پر سلام ہو جس نے ہدایت کی اتباع کی۔ اس کے بعد میں تمہیں اسلام کی دعوت دیتا ہوں۔ اسلام لے آؤ سلامت رہو گے۔ اسلام لے آؤ، اللہ تمہیں دوہرا اجر دے گا۔ اگر تو نے اعراض کیا تو رعایا کا گناہ بھی تجھ پر ہو گا۔ (پھر قرآن مجید کی آیت لکھی) "اے اہل کتاب ایک حکم کی طرف آجاؤ جو ہمارے اور تمہارے مابین مشترک ہے۔ یہ کہ ہم اللہ کے سوا کسی کی عبادت نہ کریں، اس کے ساتھ کسی کو شریک نہ کریں اور ہمارا بعض بعض کو رب نہ بنائے، پھر اگر وہ پھر جائیں تو کہہ دیجئے گواہ رہو کہ ہم مسلمان ہیں"

اس کے علاوہ دیگر حکمرانوں کے نام بھی آنحضرت صلی اللہ علیہ وسلم کے خطوط ہیں۔ یہ بھی کتابتِ حدیث کا زندہ ثبوت احادیث کی کتب میں موجود ہے۔ (دیکھئے صحیح مسلم، ج ۲ ص ۹۷، طبری ص ۱۵۶۹، سیرتِ حلبیہ ج ۳ ص ۲۴۴)

۱۰. عَنْ عَبْدِ اللّٰہِ بْنِ عَمْرٍو، قَالَ: کُنْتُ أَکْتُبُ کُلَّ شَيْءٍ أَسْمَعُهُ مِنْ رَسُولِ اللّٰہِ صَلَّی اللّٰہُ عَلَیْهِ وَسَلَّمَ أُرِیدُ حِفْظَهُ، فَنَهَتْنِي قُرَیْشٌ وَقَالُوا: أَتَکْتُبُ کُلَّ شَيْءٍ تَسْمَعُهُ وَرَسُولُ اللّٰہِ صَلَّی اللّٰہُ عَلَیْهِ وَسَلَّمَ بَشَرٌ یَتَکَلَّمُ فِي الْغَضَبِ، وَالرِّضَا، فَأَمْسَکْتُ عَنِ الْکِتَابِ، فَذَکَرْتُ ذَلِکَ لِرَسُولِ اللّٰہِ

صَلَّى اللّٰهُ عَلَيْهِ وَسَلَّمَ، فَأَوْمَأَ بِأُصْبُعِهِ إِلَى فِيهِ، فَقَالَ: «اُكْتُبْ فَوَالَّذِي نَفْسِي بِيَدِهِ مَا يَخْرُجُ مِنْهُ إِلَّا حَقٌّ»

"حضرت عبداللہ بن عمرو بن عاص رضی اللہ عنہ سے روایت ہے کہ جو چیزیں میں آنحضرت صلی اللہ علیہ وسلم سے سنتا لکھ لیتا تھا۔ ان کو یاد کرنا چاہتا تھا۔ قریش کے لوگوں نے مجھے روکا اور کہا، ہر چیز جو تو سنتا ہے لکھ لیتا ہے۔ رسول اللہ صلی اللہ علیہ وسلم انسان ہیں، خوشی میں اور غصہ میں بھی بات کرتے ہیں۔ چنانچہ میں لکھنے سے رک گیا۔ پھر میں نے اس بات کا ذکر رسول اللہ صلی اللہ علیہ وسلم سے کیا۔ تو آپ صلی اللہ علیہ وسلم نے اپنی انگلی سے اپنے منہ کی طرف اشارہ کرکے فرمایا، "لکھو" اس ذات کی قسم جس کے قبضے میں میری جان ہے، اس (زبان) سے صرف حق ہی نکلتا ہے۔"

یہ حدیث دیگر کتبِ حدیث میں بھی موجود ہے۔ مثلاً جامع بیان العلم ج ا ص ۷۱ اور سنن دارمی ج ا ص ۱۰۳ پر یہ الفاظ ہیں:

ما خرج منہ الا حق

مسند احمد ج ۲ ص ۱۶۲ میں یہ الفاظ ہیں:

ما خرج منی الا حق

یہ حدیث کتابتِ حدیث پر دال ہے۔ اس میں خصوصیت یہ ہے کہ آنحضرت صلی اللہ علیہ وسلم نے صحابی حضرت عبداللہ رضی اللہ عنہ کو اس لیے اجازت دی کہ وہ دیگر کتابوں اور قرآن مجید میں فرق سمجھتے تھے۔ ابو محمد عبداللہ بن مسلم بن قتیبہ نے لکھا ہے کہ یا تو اس حدیث نے عدم کتابت کو منسوخ کر دیا یا پھر حضرت عبداللہ بن عمرو رضی اللہ عنہ کو ماہر دیگر کتب ہونے کی وجہ سے اجازت دے دی:

أَنْ يَكُونَ خَصَّ بِهٰذَا عَبْدَ اللّٰهِ بْنَ عَمْرٍو، لِأَنَّهُ كَانَ قَارِئًا لِلْكُتُبِ الْمُتَقَدِّمَةِ، وَيَكْتُبُ بِالسُّرْيَانِيَّةِ

وَالْعَرَبِيَّةِ وَكَانَ غَيْرُهُ مِنَ الصَّحَابَةِ أُمِّيِّينَ، لَايَكْتُبُ مِنْهُمْ إِلَّا الْوَاحِدُ وَالِاثْنَانِ، وَإِذَا كَتَبَ لَمْ يُتْقِنْ، وَلَمْ يُصِبِ التَّهَجِّي. فَلَمَّا خَشِيَ عَلَيْهِمُ الْغَلَطَ فِيمَا يَكْتُبُونَ نَهَاهُمْ، وَلَمَّا أَمِنَ عَلَى عَبْدِ اللّٰهِ بْنِ عَمْرٍو ذَلِكَ، أَذِنَ لَهُ. (تاویل مختلف الحدیث ص ۲۸۶)

یعنی "ممکن ہے آنحضور صلی اللہ علیہ وسلم نے عبداللہ بن عمرو رضی اللہ عنہ کو خصوصی طور پر اس لیے اجازت دی ہو۔ کیوں کہ وہ کتبِ سابقہ پڑھ سکتے تھے اور سریانی اور عربی لکھنا جانتے تھے۔ بخلاف ان کے دیگر صحابہ رضی اللہ عنھم میں سے صرف ایک دو لکھ پڑھ سکتے تھے اور اس میں انہیں پوری مہارت حاصل نہ تھی۔ حروفِ تہجی بھی صحیح لکھنے پر قادر نہ تھے۔ چوں کہ ان کی تحریروں میں غلطی کا احتمال تھا اس لیے ان کو منع کر دیا اور حضرت عبداللہ رضی اللہ عنہ کو اس لیے اجازت دے دی کہ یہاں اس قسم کا خدشہ نہ تھا۔"

۱۱. عَنْ عَبْدِ اللّٰهِ بْنِ عَمْرٍو: أَنَّهُ أَتَى رَسُولَ اللّٰهِ صَلَّى اللّٰهُ عَلَيْهِ وَسَلَّمَ فَقَالَ: يَارَسُولَ اللّٰهِ إِنِّي أُرِيدُ أَنْ أَرْوِيَ مِنْ حَدِيثِكَ فَأَرَدْتُ أَنْ أَسْتَعِينَ بِكِتَابِ يَدِي مَعَ قَلْبِي إِنْ رَأَيْتَ ذَلِكَ؟، فَقَالَ رَسُولُ اللّٰهِ صَلَّى اللّٰهُ عَلَيْهِ وَسَلَّمَ: إِنْ كَانَ قَالَهُ (ا) عِ حَدِيثِي ثُمَّ اسْتَعِنْ بِيَدِكَ مَعَ قَلْبِكَ (سنن دارمی: ح ۵۲۴)

"حضرت عبداللہ بن عمر رضی اللہ عنہ سے روایت ہے کہ وہ آنحضرت صلی اللہ علیہ وسلم کے پاس آئے اور کہا، "اے اللہ کے رسول صلی اللہ علیہ وسلم، میں آپ کی احادیث بیان کرنا چاہتا ہوں۔ اگر آپ اجازت دیں۔ آنحضرت صلی اللہ علیہ وسلم نے فرمایا، "میری احادیث کو یاد رکھنے کے ساتھ ساتھ لکھ لیا کرو۔"

یہ حدیث اوپر والی حدیث کی مکمل تائید کرتی ہے کہ آنحضرت صلی اللہ علیہ وسلم نے خود اس کے لکھنے کی اجازت دی۔ حاکم نے اس حدیث کو بیان کر کے لکھا ہے:

ھذا حدیث حسن صحیح الاسناد اصل فی نسخ الحدیث یعنی الکتابہ عن رسول اللہ صلی اللہ تعالیٰ علیہ وسلم!

المستدرک مع التلخیص کتاب العلم ج ا ص ۱۰۵)

۱۲۔ عَنْ اَبِي قَبِيلٍ قَالَ: سَمِعْتُ عَبْدَ اللہِ بْنَ عَمْرٍو قَالَ: بَيْنَمَا نَحْنُ حَوْلَ رَسُولِ اللہِ صَلی اللہ عَلَيْهِ وَسَلم نَكْتُبُ اِذْ سُئِلَ رَسُولُ اللہ صَلی اللہ عَلَيْهِ وَسَلم: اَيُّ الْمَدِينَتَيْنِ تُفْتَحُ اَوَّلاً: قُسْطَنْطِينِيَّةُ اَوْ رُومِيَّةُ؟ فَقَالَ النَّبِيُّ صَلی اللہ عَلَيْهِ وَسَلم: لَا بَلْ مَدِينَةُ هِرَقْلَ اَوَّلاً (سنن الدارمی: ح ۵۲۵)

"ابی قبیل سے روایت ہے، میں نے عبدالرحمن بن عمرو رضی اللہ عنہ سے سنا، انہوں نے فرمایا، "ہم رسول اللہ صلی اللہ علیہ وسلم کے اردگرد لکھ رہے تھے، جب آپ صلی اللہ علیہ وسلم سے سوال کیا گیا کہ "دونوں شہروں میں سے کون سا شہر پہلے فتح ہو گا، قسطنطنیہ یا رومیہ"؟ آپ صلی اللہ علیہ وسلم نے فرمایا۔ "نہیں، بلکہ مدینہ ھرقل پہلے فتح ہو گا۔"

یہ تمام احادیث بخاری شریف کی حدیث کی تائید کرتی ہیں۔ جو حضرت ابوہریرہ رضی اللہ عنہ نے حضرت عمرو بن عاص رضی اللہ عنہ کے متعلق روایت کی ہے۔ اس لیے ان کے متعلق شک کرنے کی کوئی گنجائش ہی نہیں ہے۔ بلکہ اس سے یہ معلوم ہوا کہ آنحضرت صلی اللہ علیہ وسلم، صحابہ کرام رضی اللہ عنھم کی محفل میں تشریف فرما ہوتے اور صحابہ رضی اللہ عنھم آپ صلی اللہ علیہ وسلم کے گرد حلقہ باندھ کر لکھتے، آپ صلی اللہ علیہ وسلم لکھواتے، صحابہ رضی اللہ عنھم لکھتے جاتے تھے۔ یہ املاء کی شکل تھی۔ وہ حدیث پیشِ نظر رہے جس میں بروایت حضرت انس رضی اللہ عنہ، آپ صلی اللہ علیہ وسلم ہر بات دو (۲) تین (۳) بار دہراتے تاکہ لوگوں کو سمجھنے میں سہولت ہو۔

۱۳. عن عطاء عن عبداللہ بن عمرو قلت یارسول اللہ أأقید العلم قال قید العلم قال عطاء قلت وماتقید العلم؟ قال الکتاب
(جامع بیان العلم ج ا ص ۷۳)

"حضرت عطاء رضی اللہ عنہ سے روایت ہے، وہ عبداللہ بن عمرو رضی اللہ عنہ سے روایت کرتے ہیں، انہوں نے آنحضرت صلی اللہ علیہ وسلم سے کہا، "کیا میں علم کو قید کر لوں (لکھ لوں)؟" علم کو قید کر لو۔" عطاء نے کہا، تقییدِ علم کیا ہے؟" حضرت عبداللہ بن عمرو رضی اللہ عنہ نے کہا، "لکھنا"

یہ حدیث بھی اوپر کی حدیث کی تائید کرتی ہے۔ آنحضرت صلی اللہ علیہ وسلم نے ان کو لکھنے کی اجازت دی۔ یہ حدیث حافظ نورالدین علی بن ابی بکر ھیثمی نے بھی لکھی ہے۔ ان کے الفاظ یہ ہیں:

فیہ عبداللہ بن المؤمل وثقہ ابن معین وابن حبان وقال ابن سعد ثقۃ قلیل الحدیث_ (مجمع الزوائد ومنبع الفائد ج ا)

کہ "اس میں عبدالہ بن مومل ہیں۔ ابنِ معین و ابنِ حبان نے انہیں ثقہ کہا ہے۔ ابنِ سعد بھی انہیں ثقہ قلیل الحدیث کہتے ہیں۔ اگرچہ بعض نے ان پر کلام کیا ہے۔ لیکن دوسرے محدثین انہیں ثقہ قرار دیتے ہیں اور یہ حدیث بھی دیگر احادیث کی تائید کرتی ہے اس وجہ سے حجت ہے۔"

۱۴ حضرت عبداللہ (رضی اللہ عنہ) بن عمرو (رضی اللہ عنہ) بن عاص سے روایت ہے۔

مَا یُرَغِّبُنِی فِی الْحَیَاۃِ اِلَّا الصَّادِقَۃُ وَالْوَھْطُ، فَاَمَّا الصَّادِقَۃُ فَصَحِیفَۃٌ کَتَبْتُھَا مِن رَسُولِ اللہ، وَ اَمَّا الْوَھْطُ فَاَرْضٌ تَصَدَّقَ بِھَا عَمْرُو بْنُ الْعَاصِ کَانَ یَقُومُ عَلَیْھَا. (سنن الدارمی: ح ۵۳۵)

کہ "دو چیزوں کی وجہ سے مجھے زندگی عزیز ہے، ایک صحیفہ صادقہ کی وجہ سے اور دوسرے الوھط نامی اراضی کی بنا پر جو مجھے میرے والد نے عطا کی تھی۔"

معلوم ہوا کہ حضرت عبداللہ بن عمرو بن عاص رضی اللہ عنہ نے خود یہ صحیفہ آنحضرت صلی اللہ علیہ وسلم سے سن کر لکھا اور اس کا ذکر انہوں نے خود لکھا۔ (تقیید العلم ص ۸۴ بحوالہ علوم الحدیث اردو ص ۴۵)

بقول ابن الاثیر، اس میں ایک ہزار احادیث تھیں (اسد الغابہ ج۳ ص ۲۳۳) اگرچہ یہ اصالۃ ہمارے پاس نہیں۔ مسند احمد میں یہ جوں کا توں محفوظ ہے۔ (مسند احمد بن حنبل ج ۲ ص ۵۸ تا ۲۲۶)

یہ صحیفہ اس بات کا قابلِ اعتماد ثبوت ہے کہ احادیث آنحضرت صلی اللہ علیہ وسلم کے حکم سے آپ صلی اللہ علیہ وسلم کی موجودگی میں لکھی جاتی تھیں۔ اس میں وہ فتویٰ بھی موجود ہے جو حضرت عبداللہ رضی اللہ عنہ نے آپ صلی اللہ علیہ وسلم سے پوچھا تھا۔ آپ رضی اللہ عنہ سوالات پوچھتے تھے اور آپ صلی اللہ علیہ وسلم انہیں جوابات ارشاد فرماتے تھے۔ حافظ ابن حجر عسقلانی رحمۃ اللہ علیہ نے کہا ہے، یہی صحیفہ صادقہ آپ رضی اللہ عنہ کی وفات کے بعد آپ رضی اللہ عنہ کے پڑپوتے حضرت عمرو بن شعیب بن محمد بن عبداللہ کو ملا۔ (تہذیب ترجمہ عمرو بن شعیب)۔۔۔ ظنِ غالب یہی ہے کہ عمرو بن شعیب متوفی سنہ ۱۲۰ھ اس صحیفہ کو زبانی یاد کر کے اس سے حدیثیں روایت کرتے تھے۔ (تہذیب التہذیب ج۸ ص ۴۵-۵۵)

جلیل القدر تابعی حضرت مجاہد رحمۃ اللہ علیہ (متوفی سنہ ۱۰۳ھ) کہتے ہیں۔ "یہ صیغہ میں نے عبداللہ بن عمرو رضی اللہ عنہ کے پاس دیکھا تھا۔" (تہذیب التہذیب ج۸ ص ۸۲، الحدیث الفاصل ج ۴، ص ۲، طبقات ابن سعد، ج ۲، ص ۱۲۵)

اس حدیث سے معلوم ہوا کہ آنحضرت صلی اللہ علیہ وسلم خود لکھواتے تھے۔ اس کے متعلق مزید مختصر شرح و تہذیب سنن ابی داؤد میں لکھا گیا:

وأذن لعبد الله ابن عمرو في الكتابة، وحديثه متأخر عن النهي، لأنه لم يزل يكتب، ومات وعنده كتابته وهي الصحيفة النبي - صلَّى الله عليه وسلم - كان يُسميها الصادقة ولو كان النص عن الكتابة متاخراً، لمحاها عبد الله، لأمر النبي - صلَّى الله عليه وسلم - ما كُتِبَ عنه غير القرآن، فلما لم يمحُها وأثبتها دل على أن الإذن في الكتابة متأخر عن النهي عنها، وهذا واضح والحمد لله.

وكتب النبي - صلَّى الله عليه وسلم - لعمرو بن حزم كتاباً عظيماً، فيه الديات وفرائض الزكاة وغيرها، وكتبه في الصدقات معروفة مثل كتاب عمر بن الخطاب وكتاب أبي بكر الصديق الذي دفعه إلى أنس رضي الله عنهم. وقيل لعلي: هل خصكم رسول الله - صلَّى الله عليه وسلم - بشيء، فقال: لا، والذي فلق الحبة وبرأ النسمة إلا ما في هذه الصحيفة، وكان فيها العُقول وفِكاك الأسير، وأن لا يُقتل مسلم بكافر.

وإنما نهى النبي - صلَّى الله عليه وسلم - عن كتابة غير القرآن في أول الإسلام لئلا يختلط القرآن بغيره، فلما عُلِمَ القرآنُ وتميَّز، وأُفرِد بالضبط والحفظ، وأُمِنت عليه مفسدة الاختلاط، أُذِن في الكتابة.

وقد قال بعضهم: إنما كان النهي عن كتابة مخصوصة، وهي أن يجمع بين كتابة الحديث والقرآن في صحيفة واحدة خشية الالتباس، وكان بعض السلف يكره الكتابة مطلقاً.

وكان بعضهم يرخص فيها حتى يحفظ، فإذا حفظ محاها.

وقد وقع الاتفاق على جواز الكتابة وإبقائها، ولولا الكتابة ما كان بأيدينا اليوم من السنة إلا أقلَّ القليل.

یعنی "حضرت عبد اللہ بن عمرو رضی اللہ عنہ کو آنحضرت صلی اللہ علیہ وسلم نے

کتابت کی اجازت دی، ان کی حدیث ممانعت کتابت سے متاخر ہے، کیوں کہ وہ ہمیشہ لکھتے رہے۔ جب ان کی وفات ہوئی تو ان کا لکھا ہوا ان کے پاس تھا۔ یہ وہی صحیفہ ہے جس کو وہ "الصادقہ " کہتے تھے۔ اگر ممانعت کتابت سے متاخر ہوتی تو حضرت عبد اللہ رضی اللہ عنہ ضرور مٹا دیتے۔ آنحضرت صلی اللہ علیہ وسلم کے حکم کی وجہ سے، جو انہوں نے قرآن کے علاوہ لکھا، جب انہوں نے اس کو نہ مٹایا، بلکہ باقی رکھا تو یہ اس بات کی دلیل ہے کہ کتابت کی اجازت منع کرنے سے بعد کی ہے۔ اور یہ بات واضح ہے۔ سب تعریف اللہ کے لیے ہے۔ آنحضرت صلی اللہ علیہ وسلم نے قرآن پاک کے علاوہ کتابت کو ابتداء میں منع فرمایا تھا تاکہ قرآن مجید اپنے علاوہ کسی دوسری چیز سے ملتبس نہ ہو۔ جب قرآن مجید کو جان لیا گیا اور وہ ممتاز ہو گیا اور حفظ کر لیا گیا اور اس پر اختلاط سے تحفظ ہو گیا تو آپ صلی اللہ علیہ وسلم نے کتابت کی اجازت دے دی، اور بعض نے کہا ہے کہ ممانعت، خاص کتابت سے تھی، وہ یہ کہ حدیث اور قرآن کو ایک صفحے پر لکھنے سے التباس کا خطرہ تھا۔ کتابتِ (حدیث) اور اس کے باقی رکھنے پر اتفاق ہے۔ اگر احادیث کی کتابت نہ ہوتی تو آج ہمارے ہاتھوں میں سنت کا بہت ہی کم حصہ ہوتا۔"

۱۵۔ عَنْ عَمْرِو بْنِ شُعَيْبٍ، عَنْ أَبِيهِ، عَنْ جَدِّهِ قَالَ: قُلْتُ: يَا رَسُولَ اللّٰهِ، أَكْتُبُ [ص:۳۰۰] كُلَّ مَا أَسْمَعُ مِنْكَ؟ قَالَ: «نَعَمْ» قُلْتُ: فِي الرِّضَا وَالْغَضَبِ؟ قَالَ: «نَعَمْ، فَإِنِّي لَا أَقُولُ فِي ذَٰلِكَ كُلِّهِ إِلَّا حَقًّا» (بیان العلم حدیث:۳۸۸)

"عمرو بن شعیب اپنے باپ، وہ اپنے دادا سے روایت کرتے ہیں (یعنی حضرت عبد اللہ بن عمرو رضی اللہ عنہ سے) انہوں نے کہا کہ میں نے رسول اللہ صلی اللہ علیہ وسلم سے پوچھا، "جو چیز بھی آپ صلی اللہ علیہ وسلم سے سنوں، لکھ لیا کروں؟" فرمایا، "ہاں" میں نے کہا۔ "خوشی اور غصہ میں؟" فرمایا، "ہاں"۔ اس معاملہ میں میری ہر بات حق

ہوتی ہے۔"

یہ حدیث بھی اوپر والی حدیث کی تائید کرتی ہے۔ حضرت عمرو بن شعیب اپنے دادا تک سند پہنچاتے ہیں۔ پہلے اور سند سے یہ حدیث گزر چکی ہے۔ گویا اس پر یہ تصدیق مزید ہے۔

۱۶. عَنْ أَبِي رَاشِدٍ الْحُبْرَانِيِّ، قَالَ: أَتَيْتُ عَبْدَ اللَّهِ بْنَ عَمْرِو بْنِ الْعَاصِ، فَقُلْتُ لَهُ: حَدِّثْنَا مِمَّا سَمِعْتَ مِنْ رَسُولِ اللَّهِ صَلَّى اللَّهُ عَلَيْهِ وَسَلَّمَ، فَأَلْقَى إِلَيَّ صَحِيفَةً، فَقَالَ: هَذَا مَا كَتَبَ لِي رَسُولُ اللَّهِ صَلَّى اللَّهُ عَلَيْهِ وَسَلَّمَ، قَالَ: فَنَظَرْتُ فِيهَا فَإِذَا فِيهَا: إِنَّ أَبَا بَكْرٍ الصِّدِّيقَ قَالَ: يَا رَسُولَ اللَّهِ عَلِّمْنِي مَا أَقُولُ إِذَا أَصْبَحْتُ وَإِذَا أَمْسَيْتُ، فَقَالَ: " يَا أَبَا بَكْرٍ قُلْ: اللَّهُمَّ فَاطِرَ السَّمَوَاتِ وَالأَرْضِ...... (سنن الترمذي حديث: ۳۵۲۹)

"ابو راشد جرانی سے روایت ہے کہ میں عبد اللہ بن عمرو بن عاص رضی اللہ عنہ کے پاس آیا اور کہا۔ "جو بات آپ نے آنحضرت صلی اللہ علیہ وسلم سے سنی ہو، وہ بتائیں۔" انہوں نے مجھے ایک صحیفہ دیا اور کہا، "یہ ہے وہ جو آنحضرت صلی اللہ علیہ وسلم نے میرے لیے لکھا (مجھ سے لکھوایا)"۔ ابو راشد کہتے ہیں، میں نے دیکھا اس میں لکھا تھا، ابو بکر صدیق رضی اللہ عنہ نے کہا "اے اللہ کے رسول صلی اللہ علیہ وسلم، مجھے سکھائیں جو میں صبح کے وقت اور شام کے وقت پڑھوں" آپ صلی اللہ علیہ وسلم نے فرمایا، "اے ابو بکر رضی اللہ عنہ کہو: اللَّهُمَّ فَاطِرَ السَّمَوَاتِ وَالأَرْضِ

۱۷. عَنْ أَبِي بَكْرِ بْنِ مُحَمَّدِ بْنِ عَمْرِو بْنِ حَزْمٍ، عَنْ أَبِيهِ، عَنْ جَدِّهِ: " أَنَّ رَسُولَ اللَّهِ صَلَّى اللَّهُ عَلَيْهِ وَسَلَّمَ كَتَبَ إِلَى أَهْلِ الْيَمَنِ وَكَانَ فِي كِتَابِهِ « أَنَّ مَنِ اعْتَبَطَ مُؤْمِنًا قَتْلًا عَنْ بَيِّنَةٍ، فَإِنَّهُ قَوَدٌ إِلَّا أَنْ يَرْضَى أَوْلِيَاءُ الْمَقْتُولِ، وَأَنَّ فِي النَّفْسِ الدِّيَةَ مِائَةً" (سنن النسائی: ح ۴۸۵۳)

آنحضرت صلی اللہ علیہ وسلم نے اہلِ یمن کو لکھا، "جس نے مسلمان کو قتل کیا اور اس پر دلیل مل گئی۔ اس کو قتل کیا جائے گا مگر اس صورت میں کہ مقتول کے ورثاء راضی ہو جائیں۔ جان کے بدلے دیت ایک سو (۱۰۰) اونٹ ہے۔"

یہ حدیث طویل ہے اور دارمی میں بھی ہے۔ اس کے حاشیے پر عبداللہ ہاشم یمانی المدنی نے لکھا ہے کہ اس حدیث کے متعلق حاکم نے لکھا ہے، "اس کی سند صحیح ہے" امام احمد نے کہا، "حدیث صحیح ہے۔" (سنن دارمی حاشیہ کتاب الزکوۃ ج ا ص ۳۲۰)

نسائی شریف کے حاشیہ (سلفیہ) پر لکھا ہے:

کتاب آل عمرو بن حزم کتاب جلیل کتبہ النبی ﷺ لاھل الیمن وارسل معہ عمرو بن حزم ثم وجد عنہ بعض اہ رووہ عنہ واخذ الناس عنھم ساقۃ الحاکم فی المستدرک وصحہ (جلد ا ص ۳۹۷ دار قطنی ص ۳۷۶ کتاب الخراج یحیی بن ادم و محلی ابن حزم)

کہ "آل عمرو بن حزم کی کتاب بڑی جلیل القدر ہے۔ جس کو آنحضرت صلی اللہ علیہ وسلم نے اہلِ یمن کے لیے لکھ کر بھیجا۔ پھر اس کے اہل میں سے کسی کے پاس رہی۔ لوگوں نے اس کو آگے روایت کیا۔ مستدرک میں حاکم نے اس کو روایت کیا ہے اور اسے صحیح کہا ہے۔"

دار قطنی، کتاب الخراج محلی ابنِ حزم میں بھی اس کو بیان کیا گیا ہے کہ اس کی صحت کے بارے میں شک کا سوال ہی پیدا نہیں ہوتا، پیغمبر علیہ الصلوۃ والسلام نے خود لکھوا کر حضرت عمرو بن حزم کو بھیجا، اس صحیفہ کے متعلق اور بھی کئی باتیں معلوم ہوتی ہیں۔ اس میں آنحضرت صلی اللہ علیہ وسلم نے زکوۃ و صدقات اور خون بہا کے احکام پوری تشریح کے ساتھ درج فرمائے (شرح معانی الآثار جلد ۲ ص ۴۱۷)

اس کی نقول حضرت ابو بکر صدیق رضی اللہ عنہ اور عمرو بن حزم کے خاندان میں

اور متعدد شخصوں کے پاس موجود تھیں۔ (سنن دار قطنی ج ۲ ص ۱۱۷)

حضرت عمر بن عبد العزیز رحمۃ اللہ علیہ نے اپنے دورِ خلافت میں آنحضرت صلی اللہ علیہ وسلم کے ارشاداتِ صدقات کی تلاش میں اہلِ مدینہ کے پاس آدمی بھیجا تو یہ مجموعہ احکامِ صدقات عمرو بن حزم رضی اللہ عنہ صحابی کے لڑکوں کے ہاں سے لے لیا گیا۔ (حوالہ ایضا)۔۔۔ اس پوری سند سے معلوم ہوتا ہے کہ اس کے صحیح ہونے میں ذرا برابر بھی شک نہیں کہ آنحضرت صلی اللہ علیہ وسلم نے خود پوری شرح وبسط سے احکام لکھ کر بھجوائے۔

۱۸. عَنْ أَبِي هُرَيْرَةَ، قَالَ: كَانَ رَجُلٌ مِنَ الأَنْصَارِ يَجْلِسُ إِلَى النَّبِيِّ صَلَّى اللَّهُ عَلَيْهِ وَسَلَّمَ، فَيَسْمَعُ مِنَ النَّبِيِّ صَلَّى اللَّهُ عَلَيْهِ وَسَلَّمَ الحَدِيثَ فَيُعْجِبُهُ وَلاَ يَحْفَظُهُ، فَشَكَا ذَلِكَ إِلَى النَّبِيِّ صَلَّى اللَّهُ عَلَيْهِ وَسَلَّمَ فَقَالَ: يَا رَسُولَ اللَّهِ إِنِّي أَسْمَعُ مِنْكَ الحَدِيثَ فَيُعْجِبُنِي وَلاَ أَحْفَظُهُ، فَقَالَ رَسُولُ اللَّهِ صَلَّى اللَّهُ عَلَيْهِ وَسَلَّمَ: «اسْتَعِنْ بِيَمِينِكَ»، وَأَوْمَأَ بِيَدِهِ لِلْخَطِّ وَفِي البَابِ عَنْ عَبْدِ اللَّهِ بْنِ عَمْرٍو: «هَذَا حَدِيثٌ إِسْنَادُهُ لَيْسَ بِذَلِكَ القَائِمِ» وَسَمِعْتُ مُحَمَّدَ بْنَ إِسْمَاعِيلَ، يَقُولُ: «الخَلِيلُ بْنُ مُرَّةَ مُنْكَرُ الحَدِيثِ» (جامع ترمذی ج ۲ ص ۱۰۷)

"حضرت ابوہریرۃ رضی اللہ عنہ سے روایت ہے کہ ایک انصاری آنحضرت صلی اللہ علیہ وسلم کے پاس آتا تھا اور آپ صلی اللہ علیہ وسلم کی حدیثیں سنتا تھا۔ حدیثیں اس کو اچھی لگتی تھیں۔ لیکن یاد نہیں رکھ سکتا تھا۔ اس نے آنحضرت صلی اللہ علیہ وسلم سے شکایت کی کہ میں آپ صلی اللہ علیہ وسلم کی باتیں سنتا ہوں جو مجھے اچھی لگتی ہیں لیکن یاد نہیں کر سکتا۔ آپ صلی اللہ علیہ وسلم نے فرمایا، "اپنے دائیں ہاتھ سے مدد لو"۔ اور اپنے ہاتھ سے لکھنے کا اشارہ فرمایا۔۔۔ اس سلسلہ میں عبد اللہ بن عمرو کی حدیث ہے، جس کی سند ٹھیک نہیں ہے۔ میں نے محمد بن اسماعیل سے سنا، فرماتے تھے کہ خلیل بن مرہ منکر

الحدیث ہے۔ ابو حاتم نے کہا ہے کہ خلیل بن مرہ شیخ مجہول ہے۔ میں اس کو نہیں جانتا۔"
(الجرح والتعدیل ابو حاتم بحوالہ تحفۃ الاحوذی ج۳ص ۳۷۵)

تحفۃ الاحوذی میں حافظ عبد الرحمن نے لکھا کہ حدیث ضعیف منکر ہے لیکن اس حدیث کی ایک سند ایسی ہے۔ جس میں خلیل بن مرہ نہیں ہے (تقیید العلم ص ۶۶ بحوالہ علوم الحدیث ص ۳۹)

اس لیے اس حدیث سے انکار نہیں کیا جا سکتا کیوں کہ اس حدیث کے تمام طرق ضعیف نہیں ہیں۔ علاوہ ازیں دیگر صحیح احادیث اس کے صحیح ہونے کی شاہد ہیں۔

۱۹۔ آنحضرت صلی اللہ علیہ وسلم جب مدینہ تشریف لے گئے تو اوس، خزرج اور یہود کے قبائل بنو نظیر، بنو قریظہ اور بنو قینقاع وغیرہ کئی ٹکڑوں میں منقسم رہتے تھے اور ان میں عام طور پر لڑائی ہوتی رہتی تھی۔ چنانچہ آپ صلی اللہ علیہ وسلم نے مسلمانوں، یہودیوں اور غیر مسلموں (غیر مسلم عربوں) سے مشورہ کے بعد ایک تحریری اعلامیہ نشر فرمایا۔ جس میں حاکم و محکوم دونوں کے حقوق و فرائض کی تفصیل تھی۔ اس کے ابتدائی الفاظ یہ ہیں:

بِسمِ اللہِ الرَّحمٰنِ الرَّحِیمِ ھذا کتاب محمد النبی رسول اللہ) بین المؤمنین والمسلمین من قریش واھل یثرب ومن اتبعھم فلحق لھم.... الخ

۔۔۔ پھر اس میں یہود کا ذکر ہے۔ ۴۸ دفعات کے اس اعلامیہ میں پانچ ۵ مرتبہ اھل ھذا الصحیفۃ- کے الفاظ دہرائے گئے۔ اس سے معلوم ہوا کہ یہ ایک تحریر تھی ورنہ صحیفہ کا اطلاق اس پر نہیں ہو سکتا۔" (ابن کثیر، بخاری، مسلم بحوالہ وثائق سیاسیہ از ڈاکٹر حمید اللہ ص ۴۰)

اس کے علاوہ بھی کئی معاہدات آنحضرت صلی اللہ علیہ وسلم نے کئی موقعوں پر کیے

جن کی تحریر مدون موجود ہے۔

۲۰۔ حضرت انس بن مالک رضی اللہ عنہ کو ان کے ماں باپ نے مدینہ منورہ میں حضور صلی اللہ علیہ وسلم کی خدمت میں حاضر کیا اور کہا کہ آپ صلی اللہ علیہ وسلم کے لیے وقف ہے۔ اور ساتھ ہی یہ بھی کہا:

یارسول اللہ ھذا ابنی وھو غلام کاتب (اسد الغابہ ج ا ص ۱۲۸)

"اے اللہ کے رسول صلی اللہ علیہ وسلم، یہ میرا بیٹا ہے، بچہ ہے لیکن فنِ کتابت جانتا ہے۔"

حضرت انس رضی اللہ عنہ ہمیشہ آنحضرت صلی اللہ علیہ وسلم کے پاس رہتے۔ حضرت انس رضی اللہ عنہ کا خود بیان ہے:

خدمت رسول اللہ عشر سنین فمالی اف ولالم صنعت ولاالا صنعت (مشکاۃ ص ۵۱۸)

کہ "میں نے آنحضرت صلی اللہ علیہ وسلم کی دس (۱۰) سال خدمت کی، آپ صلی اللہ علیہ وسلم نے کبھی بھی (ڈانٹتے ہوئے) اُف کا کلمہ نہ کہا اور نہ کبھی فرمایا "یہ کیوں کیا؟" اور نہ ہی یہ فرمایا "یہ تم نے کیوں نہ کیا۔"

حضرت انس رضی اللہ عنہ کے والدین نے آپ صلی اللہ علیہ وسلم کو بتا دیا تھا کہ یہ بچہ کتابت سے آشنا ہے، چنانچہ وہ حضور پاک صلی اللہ علیہ وسلم کی احادیث لکھتے۔ صرف احادیث لکھتے ہی نہیں تھے۔ بلکہ لکھ کر ان کو پیغمبر علیہ الصلوۃ والسلام کی خدمت میں پیش بھی کرتے، ان کی اصلاح اور تصحیح کرالیا کرتے تھے۔

سعید بن ھلال سے روایت ہے کہ حضرت انس بن مالک رضی اللہ عنہ سے ہم زیادہ اصرار سے کہتے تھے، تو وہ احادیث لاتے اور کہتے تھے یہ وہ حدیثیں ہیں جو آنحضرت صلی اللہ علیہ وسلم سے سنی ہیں اور جن کو میں نے لکھ کر آپ صلی اللہ علیہ وسلم کی خدمت میں

پیش کیا ہے۔ (مستدرک حاکم بحوالہ "کتابتِ حدیث عہدِ نبوی میں")

حضرت انس رضی اللہ عنہ کا یہ اپنا بیان انتہائی اہم ہے۔ ان سے موجودہ کتب احادیث میں دوہزار چھ سو چھیاسی (۲۶۸۶) احادیث مروی ہیں، ان کی احادیث کو مختلف لوگوں نے قلمبند کیا ہے۔ ابان تابعی کا بیان ہے کہ ہم حضرت انس رضی اللہ عنہ کے پاس بیٹھ کر احادیث لکھا کرتے تھے۔ حضرت انس رضی اللہ عنہ اور دیگر صحابہ رضی اللہ عنھم نہ صرف احادیث لکھتے بلکہ اپنے بچوں کو نصیحت کرتے کہ احادیث کو قلمبند کریں۔ حضرت انس رضی اللہ عنہ نے بچوں سے کہا:

یابنی قید وھذا العلم -(دارمی ج ا ص ۱۰۵)

"میرے بچو، اس علم کو ضبطِ تحریر میں لے آؤ۔"

مستدرک حاکم میں قیدوا العلم بالکتاب کے الفاظ ہیں۔ (ج ا ص ۱۰۶)

حضرت انس رضی اللہ عنہ نے خلوص و محبت سے آپ صلی اللہ علیہ وسلم کی خدمت کی اور آپ صلی اللہ علیہ وسلم کے شب و روز کی باتوں کو ضبطِ تحریر میں لاکر اور پھر ان کی خود آنحضرت صلی اللہ علیہ وسلم سے تصدیق کراکر امت پر احسان کیا کہ یہ لوگ احادیثِ مبارکہ لوگوں تک پہنچائیں۔ پھر چراغ سے چراغ جلتا گیا۔

۲۱۔ حضرت ابو بکر صدیق رضی اللہ عنہ نے حضرت انس رضی اللہ عنہ کو بحرین کا عامل بنا کر بھیجا تو واجباتِ حکومت سے متعلق ایک تحریر لکھ کر دی۔ اس کی ابتداء اس طرح سے ہوتی ہے:

بسم اللہ الرحمن الرحیم ھذہ فریضۃ الصدقۃ التي فرض رسول اللہ صلی اللہ علیہ وسلم علی المسلمین، والتي أمر اللہ بھا رسولہ، (بخاری ج ص ۱۹۵)

امام بخاری رحمۃ اللہ علیہ نے کتاب الزکوۃ کے تین ابواب میں اس نوشتہ کی روایات

کو درج کیا ہے۔ سنن دارمی میں ہے:

عَنِ ابْنِ عُمَرَ أَنَّ النَّبِيَّ صَلَّى اللّٰہ عَلَیہِ وَسَلَّم کَتَبَ الصَّدَقَةَ فَلَمْ تَخْرُجْ إِلَى عُمَّالِهِ حَتَّى قُبِضَ النَّبِيُّ صَلَّى اللّٰہ عَلَیہِ وَسَلَّم (۲)، فَلَمَّا قُبِضَ أَخَذَهَا أَبُو بَكْرٍ فَعَمِلَ بِهَا مِنْ بَعْدِهِ، فَلَمَّا قُبِضَ أَبُو بَكْرٍ أَخَذَهَا عُمَرُ فَعَمِلَ بِهَا مِنْ بَعْدِهِمَا (سنن الدارمي حديث ۱۶۷۳)

کہ "حضرت ابن عمر رضی اللہ عنہ سے روایت ہے، آنحضرت صلی اللہ علیہ وسلم نے صدقہ کی تحریر لکھوائی۔ لیکن عمال کو نہ بھیجی تھی کہ آپ صلی اللہ علیہ وسلم کی وفات ہوگئی۔ اس پر حضرت ابوبکر صدیق رضی اللہ عنہ نے اس تحریر پر عمل درآمد کرایا۔ پھر آگے بھی حدیث ہے۔۔۔ امام ابوداؤد رحمۃ اللہ علیہ نے اس صحیفہ کو حدیث کے مشہور امام حماد بن سلمہ رحمۃ اللہ علیہ سے روایت کیا ہے۔ جس پر حماد بن سلمہ خود تصریح کرتے ہیں کہ میں نے خود اس نوشتہ کو حاصل کیا۔" (ابوداؤد ص۱۸)

امام حاکم نے بھی یہ دستاویز نقل کی ہے۔ (مستدرک حاکم ج۱ ص۳۰۹)

حافظ ابوجعفر طحاوی نے بھی یہ دستاویز بحوالہ حماد بن سلمہ لکھی ہے۔ اس میں حماد بن سلمہ کی یہ تصریح بھی موجود ہے کہ مجھے ثابت بنانی نے یہ دستاویز لینے ثمامہ بن عبداللہ کے پاس بھیجا۔ انہوں نے مجھے یہ دستاویز دے دی، میں نے دیکھا:

فاذاعلیہ خاتم رسول اللہ (شرح معانیالاثار ص۴۱۶)

کہ "اس پر جناب رسول اللہ صلی اللہ علیہ وسلم کی مہر تھی"

۲۲۔ حضرت عبداللہ بن حکیم رضی اللہ عنہ سے روایت ہے کہ رسول اللہ صلی اللہ علیہ وسلم کی ایک تحریر ہمارے قبیلہ جہنیہ میں پہنچی جس میں مختلف احادیث تھیں (ترمذی ج۱ ص۲۰۶)

۲۳۔ حضرت وائل بن حجر رحمۃ اللہ علیہ حضرموت کے شہزادوں میں سے تھے۔ یہ

سنہ ۹ھ میں مدینہ منورہ تشریف لائے اور مسلمان ہوئے۔ ان کی آمد سے قبل آنحضرت صلی اللہ علیہ وسلم نے ان کی آمد کی خوش خبری دے دی تھی اور فرمایا تھا:

راغبافی اللہ عزوجل وفی رسولہ وھو بقیۃ ابناء الملوک (مشکوۃ ص ۶۲۱)

"وہ اللہ اور اس کے رسول صلی اللہ علیہ وسلم میں رغبت رکھتے ہیں۔ بادشاہوں کے بیٹوں میں سے باقی وہ ہیں۔"

یہ کچھ دیر آپ صلی اللہ علیہ وسلم کی خدمت میں حاضر رہے۔ جب جانے لگے تو آپ صلی اللہ علیہ وسلم نے ان کو ایک صحیفہ لکھوا کر دیا۔ جس میں نماز، روزہ، شراب اور سود وغیرہ کے احکام تھے۔ (طبرانی صغیر ص ۲۴۱)

۲۴۔ مندرجہ بالا تحریروں کے علاوہ آنحضرت صلی اللہ علیہ وسلم کے سینکڑوں کی تعداد میں خطوط اور وثیقے ہیں جو آپ صلی اللہ علیہ وسلم نے مختلف اوقات میں بادشاہوں کو بھیجے اور قبیلوں اور سرداروں کو لکھے اور ان پر اپنی مہر ثبت کی۔ اس قسم کے خطوط اور وثائق کو ڈاکٹر حمید اللہ نے جمع کیا ہے۔ یہ مجموعہ الوثائق السیاسیۃ للعھد النبوی والخلافۃ الراشدۃ کے نام سے شائع ہوا، پہلی دفعہ سنہ ۱۹۴۱ء میں قاہرہ سے شائع ہوا۔ تیسری مرتبہ بیروت سے سنہ ۱۹۶۹ء میں شائع ہوا، اس مجموعہ میں ۲۸۱ خطوط اور وثائق، آنحضرت صلی اللہ علیہ وسلم سے متعلق ہیں۔ ان خطوط میں سے ایک خط وہ ہے جو رسول اللہ صلی اللہ علیہ وسلم نے مقوقس شاہِ مصر کو لکھا۔ یہ خط مصر کے آثارِ قدیمہ کی کھدائی سے بر آمد ہوا ہے اور آج بھی مصر میں موجود ہے۔ (مجموعہ وثائق سیاسۃ ص ۵۰)

یہ خط حدیث کی مستند کتابوں میں منقول ہے، بر آمد شدہ خط احادیث کی روایت کے عین مطابق ہے اور یہ مطابقت کتب حدیث کے مستند ہونے کی واضح دلیل ہے۔

ان تمام حقائق کے باوجود اگر کتابتِ حدیث کا عہد نبوی میں ہونے کا انکار کیا جائے

تو اس کے لیے رازی وقت حضرت مولانا عبد الرحمن محدث مبارک پوری کا یہ قول نہایت موزوں ہے:

قد ظن بعض الجھلۃ فی ھذا الزمان ان الاحادیث النبویۃ لم تکن مکتوبۃ فی عھد رسول اللہ صَلَّى اللهُ عَلَيْهِ وَسَلَّمَ ولا فی عھد الصحابۃ وانما کتبت وجمعت فی عھد التابعین قلت ظن بعض الجھلۃ ھذا فاسد مبنی علی عدم وقوفہ علی حقیقۃ الحال)

کہ "اس دور کے بعض جاہلوں کا گمان ہے کہ احادیث نہ تو عہد نبوی صلی اللہ علیہ وسلم میں لکھی گئیں نہ عہد صحابہ رضی اللہ عنہم میں بلکہ تابعین رحمۃ اللہ علیہ کے دور میں لکھی گئیں اور جمع کی گئیں۔ میں کہتا ہوں کہ جاہلوں کا یہ گمان فاسد ہے اور حقیقت حال سے عدم واقفیت کی بناء پر وہ ایسا کہتے ہیں"

الغرض جہاں تک عدم کتابت احادیث کا تعلق ہے، ان کی اسناد سے معلوم ہو گیا کہ صرف ایک حدیث کے علاوہ باقی سب کمزور ہیں اور اس ایک کی حقیقت بھی یہ ہے کہ آپ صلی اللہ علیہ وسلم نے قرآن مجید اور احادیث نبوی کو ایک صفحہ پر لکھنے سے منع فرمایا، تاکہ قرآن مجید اور احادیث میں التباس نہ ہو۔ (شرح السنۃ بغوی، ج ا ص ۲۹۵)۔۔۔ الگ الگ لکھنے کی اجازت میں بعض نے اس قسم کی احادیث، جن میں ممانعت تھی، منسوخ قرار دی ہیں۔ جب کہ لکھنے کی اجازت والی احادیث ناسخ ہیں۔ (تاویل مختلف الحدیث ص ۲۸۶)

بعض نے یہ لکھا ہے کہ یہ ممانعت اس کے لیے ہے جو صرف کتابت پر اعتماد کرتا تھا اور حفظ کرنے کو بھول جاتا ہے۔ (حاشیہ شرح السنۃ ج ا ص ۲۹۵)

آنحضرت صلی اللہ علیہ وسلم کا آخری حکم بلاشبہ کتابت حدیث کا تھا۔ کیونکہ خود آپ صلی اللہ علیہ وسلم احادیث لکھواتے رہے اور صحابہ رضی اللہ عنہم کو اس کی ترغیب

دیتے تھے، روکنا صرف ایک ہی کاغذ پر اکٹھا قرآن مجید کے ساتھ لکھنے کی وجہ سے تھا۔ چنانچہ حضرت ابو سعید خدری رضی اللہ عنہ کی حدیث سے معلوم ہو گیا کہ جب قرآن و حدیث کا فرق صحابہ رضی اللہ عنھم پر واضح ہو گیا یا جن صحابہ رضی اللہ عنھم کو پہلے ہی اس کا بخوبی علم تھا، مثلاً حضرت عبداللہ بن عمرو رضی اللہ عنہ، ان صحابہ رضی اللہ عنھم کو لکھنے کی عام اجازت مل گئی تھی اور صحابہ رضی اللہ عنھم نے احادیث قلمبند کیں۔

پس جو لوگ احادیث کو ویسے ہی نہیں مانتے، ان کو یہ حق حاصل نہیں کہ وہ ممانعت کتابت حدیث کا احادیث سے استدلال کریں، کیوں کہ وہ ویسے ہی احادیث نبوی صلی اللہ علیہ وسلم کے منکر ہیں۔

***

حدیث کی حفاظت کی تاریخ پر مبنی مضامین

حفاظتِ حدیث

مصنف : عبد الرحمٰن مدنی

بین الاقوامی ایڈیشن جلد منظر عام پر آرہا ہے